LA SAINT-BARTHÉLEMY

ET

JEAN LE HENNUYER,

ÉVÊQUE DE LISIEUX,

Par M. CAGNIARD, curé de Saint-Pierre-de-Lisieux.

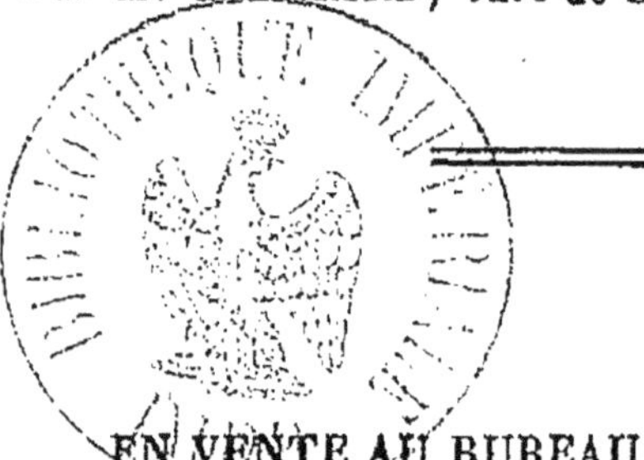

EN VENTE AU BUREAU DU LEXOVIEN,

Prix : 50 Centimes.

LISIEUX,

TYPOGRAPHIE DE Mme LAJOYE-TISSOT,

Rue Pont-Mortain, 4.

1851.

LA SAINT-BARTHÉLEMY

ET

JEAN LE HENNUYER,

ÉVÊQUE DE LISIEUX.

> Jusques dans ces derniers temps les évêques de France
> ont été des exemples de modération et de lumière.
> **GÉNIE DU CHRISTIANISME.**
>
> Le vénérable successeur de saint Pierre a toujours prêché
> la modération et la paix.
> Le général FOY, 1820.

Peu de personnes doutent du zèle avec lequel Jean Le Hennuyer, évêque de Lisieux, plaida la cause des calvinistes de sa ville épiscopale, et leur sauva la vie, en 1572.

L'abbé Le Prévost, en 1746, dans le *Mercure de France* du mois de juin, est le premier écrivain qui ait contesté l'authenticité de ce fait historique, le plus beau des annales de la ville de Lisieux. Le dominicain Mathieu Texte lui répondit quelques mois après par une lettre imprimée aussi dans le *Mercure de France*.

Depuis ce temps personne ne s'était occupé des arguments du chanoine de Saint-Germain-l'Auxerrois,

quand un habitant de Lisieux, M. L. Dubois (1), eut
la joie de les retrouver et de les publier, en 1817, dans
le *Mercure de France*, et en 1824 dans les Archives
littéraires de la Normandie (2).

Un savant modeste, M. Bordeaux, de Prêtreville,
dans une brochure intitulée *Recherches historiques
et critiques sur Jean Le Hennuyer, évêque et comte
de Lisieux*, a fait, avec une érudition profonde, une
logique inattaquable, un style clair et précis, une mo-
dération digne d'éloges, des réponses péremptoires
aux déclamations de M. L. Dubois, écrivant contre la
gloire de sa ville natale. Déjà ce philosophe avait rencontré un contradicteur fort érudit dans M. de Vismes,
ancien magistrat, auteur d'une histoire de la ville de
Laon (3).

D'un autre côté, M. de Formeville, conseiller à la
cour de Caen, a prêté l'appui de son talent et de son
savoir à M. L. Dubois. Il a publié, en 1840, une notice intitulée *Les Huguenots et la Saint-Barthélemy
à Lisieux*, dans laquelle il soutient l'opinion du rédacteur des Archives de la Normandie et s'associe à son
esprit philosophique.

(1) M. Dubois est un ancien sous-préfet de Bernay,
retiré dans ce moment aux environs de Lisieux. C'est,
dit-on, un vieillard d'une érudition remarquable, d'une
société douce et aimable. Aussi je déclare bien haut
que l'écrivain seul est ici en cause.

Il en est de même de M. de Formeville, c'est un
conseiller à la Cour, qui jouit, à Caen et à Lisieux, de
l'estime publique : c'est un magistrat distingué, au talent duquel je suis heureux de rendre hommage.

(2) L'article de la Biographie universelle est aussi
l'œuvre de M. L. Dubois.

(3) Galerie des hommes distingués du département
de l'Aisne.

Bien plus, un homme qui ne partage pas les préventions du premier de ces historiens contre le clergé, qui n'est pas affligé comme lui de l'éclat que ce bel acte de tolérance, au milieu des fureurs de la Saint-Barthélemy, jette sur l'église de France, un homme remplissant des fonctions honorables (1), a eu le courage, dans ces dernières années, d'écrire contre le fait historique de la délivrance des calvinistes de Lisieux, en 1572, par l'influence et la fermeté de leur évêque.

Le dernier mot ne restera pas à la critique. Ma faiblesse ne m'arrêtera pas.

Il me paraît facile de démontrer que Jean Le Hennuyer a délivré du massacre les calvinistes de Lisieux, à l'époque de la Saint-Barthélemy.

Telle est la tâche que je m'impose devant la Société d'Émulation de Lisieux, dont je serais heureux d'obtenir les suffrages.

Personne, il me semble, ne trouvera mauvais qu'un prêtre qui, quoique placé dans un degré inférieur de la hiérarchie, occupe la place de Jean Le Hennuyer, prie tous les jours sur son tombeau et célèbre les saints mystères sur son autel, vienne plaider sa cause devant les hommes les plus distingués de la ville dont il fut l'évêque, devant des juges si propres par leurs lumières, leur haute impartialité, leur amour de la vérité, à bien prononcer un jugement sur une question trop longtemps débattue.

(1) M. Chatelet, principal du collége de Lisieux.

TOLÉRANCE

DE JEAN LE HENNUYER,

ÉVÊQUE DE LISIEUX,

Pendant les Massacres de la Saint-Barthélémy.

M. L. Dubois parle de la Saint-Barthélemy comme Voltaire, comme Chénier dans son infâme tragédie de Charles IX, comme toute l'école philosophique à laquelle il a le malheur d'appartenir. « Tous les ecclé-» siastiques, ose-t-il dire, durent prendre une part » active à une mesure d'extermination qu'ils avaient » le tort de regarder comme sainte (1). »

Quand on fait peser sur le clergé catholique une telle accusation, on devrait bien donner des preuves. Qu'on cite un synode, un concile, un évêque, un cardinal, qui ait applaudi à ce massacre (2). Tous les écrivains ecclésiastiques en parlent avec horreur, notamment l'abbé Caveyrac, que d'Alembert et Voltaire accusent d'en avoir fait l'apologie (3).

Ce ne fut pas la religion qui inspira à Catherine de

(1) Archives de la Normandie, 1re année, page 140.

(2) Voltaire nomme des cardinaux qui n'ont jamais existé, et la relation de Salviati justifie le cardinal de Lorraine. (Chateaubriand, *Études historiques*, tome IV.)

(3) S'ils avaient lu la première page de sa dissertation, ils y auraient vu : « Que, quand on enlèverait » à la Saint-Barthélemy les trois quarts des horribles » excès qui l'ont accompagnée, elle serait encore assez » affreuse pour être détestée de ceux en qui tout sen-» timent d'humanité n'est pas éteint. »

Médicis, femme peu chrétienne, cet affreux projet ; la haine, la politique, le besoin d'en finir avec des insurgés qui depuis dix ans agitaient le royaume, tels furent les motifs qui la poussèrent, elle, son conseil, et un faible roi de 22 ans, à recourir à ce lâche moyen d'extermination.

Charles IX, dans la déclaration qu'il fit au Parlement, dans les lettres qu'il écrivit aux gouverneurs des provinces, ne donna d'autre raison de sa conduite que la découverte d'un prétendu complot, et il ajoute « *que ce qui s'était passé n'était point en haine de* » *la religion réformée* qu'après tant de révoltes et de » crimes pardonnés, il était temps d'en finir avec des » hommes qui ne rêvaient que désordre et révolu- » tions (1). »

Le martyrologe lui-même des calvinistes rapporte que les meurtriers disaient aux passants, en leur montrant les cadavres : « *Ce sont ceux qui ont voulu nous faire tuer le roi* (2). »

Si la religion et le clergé intervinrent dans ces épouvantables scènes, ce fut pour diminuer le nombre des victimes, là où ils ne furent pas assez heureux pour les sauver toutes. A Toulouse, à Bordeaux, plusieurs des proscrits durent leur salut à des ecclésiastiques. A Lyon, tandis que le carnage était le plus échauffé, trois cents calvinistes trouvèrent asile dans le palais archiépiscopal (3).

On cite quelques fanatiques qui, à Paris, haranguèrent les assassins. D'abord, disons-le bien haut, pas un de ces prêtres n'était français ; et que prouve

(1) Le Franc, *Histoire de France.*

(2) Archives curieuses de l'*Histoire de France,* tome VII, p. 142.

(3) Bérault-Bercastel.

contre le clergé la conduite d'un prêtre qui s'égare ? N'y a-t-il donc plus de bonne philosophie parce que le philosophe Senèque a fait l'apologie d'un monstre, meurtrier de sa mère ?

C'est donc une indignité de rejeter sur le clergé et la religion l'odieux de tant d'assassinats ? « Cette ac- » cusation est tellement absurde, dit M. de Saint- » Victor, que les écrivains protestants qui se res- » pectent un peu n'ont osé s'y arrêter (1). »

Cependant, M. L. Dubois y croit et il allègue pour preuve la conduite de Grégoire XIII *qui solennisa le massacre des Huguenots par des fêtes et des messes d'action de grâces.*

Oui, il y eut à Rome des réjouissances. De bonne foi, en ignorez-vous la cause? De qui le Pape reçut-il cette nouvelle? Du Roi qui lui manda ce qu'il avait écrit aux gouverneurs des provinces; ce qu'il déclara au Parlement : *qu'il venait de déjouer une horrible conspiration tramée contre ses jours et ceux de toute la famille royale.* Le Pape, à trois cents lieues de Paris, pouvait-il vérifier le fait, « ce n'est pas » assez, dit le spirituel auteur du tableau de Paris, » d'avoir de la haine, il faut encore avoir le sens » commun. »

Maintenant, voici pour nous la question capitale. Quelle a été la conduite de Jean Le Hennuyer, évêque de Lisieux, à l'époque de la Saint-Barthéle-my? A-t-il sauvé les protestants de sa ville épiscopale?

Constatons d'abord les faits, nous discuterons ensuite.

Nous allons, avant tout, donner l'analyse des déli-bérations que nous trouvons sur les registres de l'Hôtel-de-Ville de Lisieux.

(1) Tableau de Paris.

1° Le 27 août, on savait, à Lisieux, par le témoignage de plusieurs marchands, venant du marché de Neubourg, et de M° Magnien, avocat, les horribles évènements de Paris; alors il fut résolu que les ponts-levis seraient levés et les grilles fermées.

2° Le 29, vu les lettres de M. de Carrouges, lieutenant-général, gouverneur de la Normandie, écrites d'après les instructions de la cour, il fut arrêté qu'on veillerait avec plus de zèle que jamais aux portes de la ville, que douze hommes garderaient, la nuit, aux brèches des murailles qui s'étaient écroulées pendant l'hiver, et qu'on ne jouerait point le mystère de madame Sainte-Barbe.

3° Le même jour, 29 août, lecture fut faite, devant le corps de ville, d'une autre lettre de M. de Carrouges, qu'il importe de transcrire mot à mot, elle est datée du 28.

« Monsieur de Fumichon (1), je vous ai, ce matin, amplement escript ce que vous auriez à fayre pour la conservation de la ville de Lisieulx, ayant depuis recen une aultre despesche de Sa Majesté, par laquelle elle me mande *me saysir de tous les principaulx et signalés Huguenots* qui sont en l'étendue de ma charge, tant ceulx qui peuvent porter armes, ayder d'argent et assister de conseil et y ceulx fayre mettre prisonniers. A cette cause, je vous prye vous saysir de ceu que connoistrez audict Lysieulx et ès environs de ceste qualité et iceux fayre mettre en lieu de seureté et dont il n'évoqué faulte estant chose qui demande prompte exécution. »

(1) M. de Fumichon était gouverneur de Lisieux, sous les ordres de Carrouges, gouverneur de la Normandie.

M. de Carrouges met en *P. S.*

« Incontinent que lesdicts Huguenots seront ap préhendés, vous fayrez mettre tous leurs biens par inventaire, par les lieutenants, advocats et procureur du Roy dudict Lysieulx. »

4° Le 31 août, le capitaine Fumichon, conformément à cette dépêche, ordonna aux Huguenots de se présenter à lui dedans le jour, *sous peine de vie,* aux catholiques de les dénoncer deux heures après la publication de cette ordonnance, *sous peine de vie,* et il va jusqu'à offrir aux délateurs une prime de six écus

Les protestants de Lisieux restèrent en prison jusqu'au six septembre. Que se passa-t-il pendant ces tristes jours?

La tradition dit que l'ordre de la *tuerie* fut transmis à M. de Fumichon, qui le communiqua aussitôt à l'évêque; que Jean Le Hennuyer repoussa avec horreur cet ordre sanguinaire, déclara qu'il était le pasteur des brebis égarées comme des autres ; qu'il triompha des craintes du capitaine-gouverneur, et enfin que les calvinistes, touchés de sa clémence, rentrèrent dans le sein de l'église catholique.

Les deux premiers historiens qui aient parlé du dévouement de Jean Le Hennuyer pour les calvinistes de son diocèse, sont *Hémeré* et *Mallet.* Ecoutons leur récit. Claude Hémeré a le premier raconté ce trait de charité dans son histoire latine des hommes distingués du Vermandois. Voici la traduction de ce passage :

« *Le Hennuyer* était évêque de Lisieux depuis 1559, quand le gouverneur de la ville reçut l'ordre de faire main-basse sur tous les calvinistes, à l'exemple des exécutions sanglantes qui venaient d'avoir lieu dans la capitale. Le prélat répond au gouverneur qui s'em-

presse de lui communiquer cet ordre : « Je ne saurais
» souffrir que mes brebis, quoique égarées, et que j'es-
» père ramener, soient ainsi égorgées. » Celui-ci re-
présente que l'ordre est si pressant, qu'il irait de sa tête
s'il refusait de l'exécuter. « Je vous promets de ré-
» pondre pour vous auprès du roi ; je me charge de
» votre refus reprit Le Hennuyer. » Et il lui donna,
sur sa demande, sa parole solennelle, ainsi qu'une
obligation écrite de sa main, par laquelle il confirmait
sa caution. Cette conduite charitable fut promptement
connue des habitants de la ville et principalement des
calvinistes, qui, touchés de la bonté du pieux évêque,
pour leur conserver la vie, rentrèrent peu-à-peu dans
le sein de l'église. On n'a plus depuis ce temps rencontré de dissidents à Lisieux. »

Le dominicain Antoine Mallet, dans son histoire
des religieux célèbres du couvent de Saint-Jacques, à
Paris, a donné une notice sur Jean Le Hennuyer,
dans laquelle il mentionne le fait historique dont il s'agit.
Citons encore le texte de ce biographe : « Jean Le Hennuyer, docteur en théologie de la faculté de Paris,
fut fait, l'an 1559, évêque de Lisieux. Ce fut là qu'il
montra une charité si extrême pour son peuple, qu'il
fut près d'exposer son âme pour les brebis égarées de
son troupeau. Le gouverneur de la ville lui communiqua les ordres qu'il avait de Charles IX, d'exterminer tous les hérétiques, de sorte que le 31 août de
l'an 1572, le sang de ces âmes séduites eût été aussi
bien épanché que celui de leurs complices, à Paris,
s'il ne l'eût empêché ; mais que répondit-il à la proposition d'un si funeste dessein? Oh! le grand homme,
oh! le véritable pasteur! Je ne le souffrirai pas, répondit le bon évêque ; je suis berger sous mes brebis ; je confesse qu'elles sont égarées, mais je ne dé-
sespère pas de les ramener au troupeau. N'importe,

ajoute le gouverneur, le commandement du roi me presse ; il faut qu'ils périssent, car il y va de ma tête. Je vous réponds de votre vie, reprend l'évêque, pourvu qu'ils ne périssent pas. Le gouverneur demanda caution de sa parole et soudain il engagea par écrit sa propre vie. » Il raconte ensuite que ce trait de charité fit rentrer dans l'église tous les protestants de Lisieux, et qu'il ne s'y trouva qu'une bergerie et qu'un troupeau.

Cette tradition et le récit de ces deux écrivains ont trouvé place dans nos annales depuis deux cents ans, et dans des auteurs d'un caractère bien différent.

Nous aidant de l'érudition de M. Bordeaux, de Prétreville, nous nommerons quelques écrivains :

1° Parmi les auteurs ecclésiastiques : dom Denis de Sainte-Marthe, dom Tyroux et dom Brice, premiers auteurs du *Gallia Christiana* (1) ; l'auteur de l'année Dominicaine, le récollet Arthur Dumoustier, Dom Baunier, les auteurs des mémoires de Trévoux, Mainbourg, le Père Fabre, Fleury, Dupin, le Père Alexandre, l'abbé Racine, Bérault-Bercastel, l'abbé Archon, le Père Mérault, l'abbé Reyre, Mgr Frayssinous, l'abbé Chastelain, Paul Colliette, doyen de Saint-Quentin.

2° Parmi les autres historiens : Moréri, en 1673,

(1) Dans l'édition de 1759, l'opinion de l'abbé Le Prévost n'a été admise qu'avec réserve. On dit qu'Hémeré paraît avoir confondu l'édit de pacification, auquel l'évêque fit opposition, avec l'édit de massacre. *Confudisse videtur :* c'est un *peut être* bien absurde ! Au reste, les Bénédictins de 1759 n'ont combattu notre opinion que sur le témoignage de l'abbé Le Prévost, et non sur celui de deux chanoines de Lisieux. Ils étaient morts, l'un depuis 17 ans et l'autre depuis 18. (Antoine Fréard et Jean Le Prévost.)

Goujet, Feller, Ladvocat, Chaudon, Peignat, les auteurs de l'*Encyclopédie historique,* Millot, Anquetil, Lefranc et Lacretelle, *Histoire des Guerres de Religion* et la *Biographie universelle,* à l'article Christophe de Villeneuve (1).

3° Parmi les historiens de la Normandie : le dominicain Echard, le conseiller Goubes, Brizard, historien du Massacre de la Saint-Barthelemy, Léon Thiessé, Richard Seguin, le Père de Bonnefonds, et l'auteur d'un manuscrit recueilli à l'évêché de Lisieux, dont voici le texte : « *Joannes Hannonius, Picardus, Eleemosinarius, confessor et consiliarius Regum Franciæ. Hereticos morte a Rege damnatos, ad fidem omnes convertit et sic a morte solvavit. Nullus extunc Hæreticus in urbe receptus est. Obiit 12 mrt: 1578* (2).

Telles sont les pièces du procès. Ici commence la discussion. Faut il ajouter foi à un fait qui nous parvient entouré de tant de témoignages, ou le reléguer, comme le veut M. L. Dubois, parmi cent mille autres mensonges historiques, que la mauvaise foi invente, que la routine répète sans examen?

Il est permis aux philosophes de tout nier, même les persécutions des premiers siècles et le nombre des martyrs ; ils ont révoqué en doute jusqu'aux récits évangéliques. La tradition chrétienne ne leur paraît pas assez bien établie.

(1) « Ainsi, le nom de Cristophe de Villeneuve, comme le remarque le président Henault, se lie de la manière la plus honorable à celui du comte d'Ortès, de l'évêque de Lisieux et de tous les hommes honorables qui concoururent à sauver leur pays du plus horrible des attentats. » *(Biographie universelle.)*

(2) J'ai ce manuscrit entre les mains.

Pour nous, sans confondre les vérités historiques avec l'Évangile, nous croyons à ce trait de dévouement, et voici nos raisons :

1° La tradition qui nous a transmis ce fait glorieux nous paraît inattaquable ;

2° Claude Hemeré et Antoine Mallet étaient des écrivains trop graves, trop consciencieux, pour avoir inventé une fable, et les nombreux auteurs qui ont recueilli ce trait d'humanité, trop érudits, trop judicieux, pour l'avoir fait sans examen ;

3° Les arguments par lesquels on veut abattre ce monument élevé à la gloire d'un évêque, nous paraissent frivoles, et ne tiennent pas devant un sérieux examen.

I.

La tradition orale qui a transmis cet acte de tolérance nous paraît inattaquable.

Il y a d'autres monuments que les livres capables, dit Bergier (1), de transmettre à la postérité la mémoire des événements passés, et il définit la tradition orale : un témoignage qui nous atteste de vive voix la vérité des faits, qui se transmet des pères aux enfants, et de ceux-ci à leurs descendants.

Il est impossible, remarque l'abbé de Pradt, qu'une fausse tradition puisse s'établir sur un fait public et éclatant (2).

Où en serions-nous, s'il en était autrement ; combien de faits, dans l'histoire comme dans la religion, n'ont été écrits que longtemps après l'événement et

(1) *Dictionnaire de Théologie,* art. tradition.
(2) *Traité de la certitude.*

qu'on ne peut savoir que par le récit des témoins oculaires. C'est une vérité que proclame bien haut l'auteur du *Traité des preuves de la vérité de l'histoire* (1).

Or, où trouver une tradition mieux constatée que celle qui nous a transmis l'honorable intervention de Jean Le Hennuyer, en faveur des calvinistes, à l'époque de la Saint-Barthélemy ? Ne s'agit-il pas d'un fait *public éclatant,* qui intéresse toute une ville, le clergé et le peuple, la famille du prélat et la secte des calvinistes ? Et pendant deux cents ans, ni un catholique, ni un protestant, ni un chanoine du chapitre de Lisieux, ni un membre de la collégiale de Saint-Quentin, ne s'est levé pour contester ce trait de charité. C'est en 1746 que paraît le premier contradicteur. Cependant, avant lui la tradition était si bien établie que quatre ans plus tôt, lui-même, oui, lui, l'abbé Le Prévost, il avait écrit dans le *Mercure de France* « Que c'était une tradition si généralement répandue à Lisieux, qu'on ne saurait trop la respecter. » Une lettre écrite de Saint-Quentin, le 30 mars 1734, à un littérateur distingué, rédacteur du *Mercure de France,* à M. Antoine Delaroque, dit : *On ne fait aucun doute ici de l'action glorieuse de l'évêque de Lisieux.*

Qui donc peut croire que personne n'aurait réclamé contre l'assertion des premiers historiens, si le fait avait été révélé, pour la première fois, 70 ans après la Saint-Barthélemy. Qu'on vienne aujourd'hui attribuer un trait éclatant de charité à M. De La Ferronnays, dernier évêque de Lisieux, et l'on verra si la voix publique et l'histoire l'adopteront sans réserve pendant 200 ans, et si quelques années après

(1) Henri Griffet.

(1), des historiens aussi graves que le *Gallia Chris-tiana*, Mainbourg et Moréri le publieront sans hésitation et sans examen.

Aussi les critiques du chanoine de Saint-Germain n'ont pu arracher des esprits cette croyance, pas plus que les pamplets de ses plagiaires. On voit que la plupart des écrivains ont raconté ce fait historique, même dans ces derniers temps. On en retrouve par-tout le souvenir Il semble que tous les arts aient conspiré, à l'envi, pour en perpétuer la mémoire : la statuaire, la peinture, la poésie. Sébastien Mercier a écrit, en 1772, un drame en trois actes sur Jean Le Hennuyer. Un dessin de Sergent, en 1788, un tableau de Fragonard vers le même temps (2), et une magnifique toile de Gosse, donnée à la ville de Lisieux, par le ministre de l'intérieur, en 1835, représentent ce bon évêque sauvant la vie aux réformés de son diocèse. Enfin, les chanoines de la cathédrale, comme pour se couvrir de la gloire de cet illustre pontife et s'inspirer par le souvenir de sa clémence, avaient fait ériger, en son honneur, une statue dans l'abside, comme la statue de Fénélon à Cambrai. M. L. Dubois l'a vue. C'est lui qui, le 11 septembre 1792, fit aux amis de la Constitution la proposition de la transférer dans le lieu de leurs séances ; et sa proposition fut adoptée à l'unanimité, sans doute, parce que tous ces grands citoyens avaient commis le même péché dont *il* se con-fesse, en pleurant, dans son histoire de Lisieux, vol. II, page 207. « Je croyais alors que cet évêque avait été le sauveur des protestants. »

(1) La première édition du *Gallia Christiana* parut onze ans après Hémeré.

(2) Le ministère vient tout récemment de faire l'acquisition de ce tableau.

Cette tradition est d'autant plus inattaquable qu'elle s'appuie sur un fait incontesté, sur la conversion des calvinistes.

Nos adversaires eux mêmes avouent qu'à la fin du XVIe siècle on ne trouvait plus un protestant à Lisieux. Quelle autre explication donner à cette abjuration universelle que l'effet produit par la clémence et le zèle de ce pontife (1).

II.

Les deux premiers biographes de Jean Le Hennuyer, Claude Hémeré et Antoine Mallet sont trop graves, trop religieux, pour que jamais on nous persuade qu'ils se sont coalisés pour mentir à la postérité, pour créer une fable dans un cabinet de Sorbonne.

Hémeré, chanoine de Saint-Quentin, patrie du prélat dont il a loué la charité, était docteur de Sorbonne et a laissé divers écrits qui révèlent une vaste érudition. Il était, depuis dix-sept ans, principal du collége de Saint-Quentin, quand il fut appelé à Paris, en 1638, pour remplir la place de bibliothécaire de la Sorbonne. Le cardinal de Richelieu l'estima il au point qu'il le nomma conservateur de ses manuscrits. Son éloge, pendant un siècle, a été dans toutes les biographies ; et, cent ans après sa mort, on insulte à sa mémoire, on attaque sa véracité, on veut nous le donner comme un *faiseur d'historiettes ridicules !*

Antoine Mallet est un religieux de l'ordre de Saint-Dominique, qui résida longtemps dans une maison de son ordre, à Argentan. Il fut nommé premier régent de théologie du couvent de la rue Saint-Jacques, à

(1) Nous verrons plus loin l'explication donnée par M. Chatelet.

Paris, et publia, en 1645, l'histoire des papes, cardinaux, archevêques, évêques et autres hommes illustres de ce couvent. C'est dans cet ouvrage qu'il a donné une courte notice sur Le Hennuyer. Si le style est l'homme, ce dominicain était bon et naïf.

Ainsi, la tradition sur la délivrance des Calvinistes par Le Hennuyer n'est pas seulement orale, elle a été écrite par deux auteurs contemporains. L'un écrivait au milieu de la famille du prélat dans sa ville natale, devant des vieillards qui l'avaient connu ; la génération, témoin des faits qu'il rappelle, n'était pas entièrement éteinte quand il publia son ouvrage. L'autre écrivait dans un couvent où le portrait de l'évêque de Lisieux était conservé avec vénération. Devant ce portrait, il entendit souvent les vieux religieux lui raconter l'histoire du dévouement de Jean Le Hennuyer ; et d'ailleurs, à Argentan, dans cette ville si voisine de Lisieux, il avait dû connaître ce fait dès son noviciat.

Jamais on ne nous fera croire à l'imposture de ces deux écrivains. Et dans quel but auraient-ils inventé cette fable ? Quand d'ailleurs ils auraient voulu mentir, la fraude n'était pas possible. La famille du prélat qui occupait un rang distingué dans l'église et dans la magistrature, le clergé et les fidèles, le chapitre de Lisieux et celui de Saint-Quentin, les calvinistes surtout eussent réclamé contre ce mensonge éhonté. Et pendant un siècle, depuis 1643 jusqu'en 1746, pas une voix ne s'est élevée pour donner à ces chroniqueurs un démenti ; il y a eu concert unanime parmi les historiens pour rendre hommage à l'esprit de paix et de charité du pieux évêque.

Mathieu Texte qui répondit à l'abbé Le Prévost, dans le *Mercure de France,* a fait, sur le récit d'Hémeré, des réflexions pleines de sagesse et sans réplique.

« Une telle pièce, dit-il, où se trouvent toutes les circonstances du fait, les ordres du roi, les instances du gouverneur ou commandant de la ville qui les avait reçus, la fermeté de l'évêque, son heureux succès, les propres termes de leurs discours, la conversion des religionnaires ; en un mot, le contenu de cette relation n'a pu venir que de Lisieux même à Saint-Quentin, où l'auteur avait été solidement instruit par les parents du prélat, portant le même nom, hommes estimables par leur éducation et leur position sociale, dont les familles se sont perpétuées pendant plus de deux siècles, depuis la mort de l'évêque de Lisieux. »

« Une relation si bien détaillée ne peut avoir pour source qu'une tradition locale, et ce serait agir contre toutes les lumières de la raison que de supposer que cet écrivain l'ait inventée. De bonne foi, y a-t-il la moindre apparence qu'il eût pu se jouer de tous ses compatriotes, et de la ville, et de toute l'église de Lisieux, en proposant à leur admiration un fait qui n'aurait jamais existé ?

III.

Les arguments par lesquels on prétend combattre ce fait historique sont futiles et ne tiennent pas devant un sérieux examen.

En effet, la plupart de ces arguments sont purement négatifs, partant ne sont pas des preuves. On peut réduire à trois les seuls auxquels il soit nécessaire de répondre.

Les Huguenots dans les provinces, et surtout à Lisieux, n'ont pas été en danger d'être massacrés.

L'évêque de Lisieux était absent à l'époque de la Saint-Barthélemy.

Son caractère intolérant et sa p^sition à la cour rendent incroyable son intervention en faveur des calvinistes (1).

Voilà ce que l'école philosophique a trouvé de plus fort pour combattre la tradition orale et écrite qui nous a transmis le fait dont il s'agit. Nous allons examiner tour-à-tour ces trois objections.

D'abord, si les protestants de Lisieux n'ont jamais été en péril, s'il n'y a jamais eu d'ordre de massacre, pourquoi la voix publique, la voix de tous les siècles, depuis 1572, a-t-elle attribué cet acte de charité à Jean Le Hennuyer, connu par son opposition à l'édit de pacification et par son zèle à combattre l'hérésie dans tous les temps.

Votre preuve, c'est le silence des registres de l'Hôtel-de-Ville ; cet argument négatif ne nous apprend qu'une chose, c'est que cet ordre verbal ou écrit fut communiqué à l'évêque et qu'il en fit bonne justice. Qui donc aurait voulu souiller les registres de la ville de Lisieux par l'inscription de cet ordre sanguinaire ?

Vous proclamez bien haut l'humanité de certains gouverneurs, du comte d'Ortès, à Bayonne ; du comte de Tende, en Provence ; du comte de Charny, en Bourgogne ; du Président Jeannin, à Dijon ; vous y croyez, et cependant les registres des villes n'en

______

(1) M. Dubois a voulu arguer du silence de l'épitaphe de ce prélat, mort à Lisieux, le 12 mars 1578. M. de Formeville, lui, répond très-bien que le moment n'était pas arrivé de faire l'éloge de cette action généreuse. (page 32.)

parlent pas. Capefigue, après de sérieuses recherches, affirme *qu'en tout ceci il n'y eut rien d'écrit* (1).

Il est vrai qu'avant la Saint-Barthélemy, à Paris, il n'y eut point d'ordre de massacre envoyé dans les provinces. Le complot de massacrer, le 24 d'août, tous les protestants de France, n'a jamais existé. Ce sentiment est fondé sur les dépêches de Salviati, auxquelles Châteaubriand (2) attachait un si grand prix, et que Lingard a analysées dans une note de son histoire d'Angleterre. Ce chargé d'affaires de la cour de Rome, auprès de notre gouvernement, dit assez clairement que si le coup d'arquebuse de Maurevert eût délivré la reine de son ennemi personnel, de l'amiral de Coligny, le roi des huguenots, on se fût arrêté là. Le sang n'aurait pas coulé sur tous les points de la France. Mais quand la mort de l'amiral fut résolue dans le conseil, le roi prononça avec colère ces redoutables paroles : « *Puisque vous trouvez bon que l'on tue l'amiral, je le veux ; mais aussi tous les huguenots de France, afin qu'il n'en reste pas un qui puisse me le reprocher après, et donnez y ordre promptement* (3). »

Et le duc de Guise ne dévoile-t-il pas les secrets de la cour, quand, haranguant les assassins qui l'entourent, dans la nuit du 24 août, il s'écrie : « Pareille chose se fera dans la province, suivant les ordres du roi (4) ! »

Des courriers furent envoyés dans les provinces, et notamment dans la Normandie, porteurs d'ordres de

(1) *Traité de la Réforme,* tome II.
(2) *Études historiques,* tome IV.
(3) Lefranc, *Histoire de France,* tome II.
(4) *État de la France sous Charles IX,* I-V, page 176.

massacre. Ceci est écrit partout, même dans la *Bio-graphie universelle*. On y lit que Christophe de Villeneuve se présenta devant Charles IX et lui fit révoquer l'ordre de massacre déjà porté dans la Provence. L'auteur des *Huguenots* reconnaît lui-même qu'il y eut des ordres secrets, confiés à des agents de l'autorité. Il ajoute : « Fut-il envoyé à Lisieux des instructions secrètes? Il est permis d'en douter. » Il ne va pas au-delà du doute! Sur quoi le doute est-il fondé? Personne ne nie que M. de Carrouges ait reçu à Rouen l'ordre du massacre. Peut-on croire qu'il ne l'ait pas transmis, comme les autres, au capitaine Fumichon, ou que le courrier ne soit pas venu jusqu'à Lisieux.

A ceux qui douteraient encore de la réalité de ces ordres, je citerai nos meilleurs historiens : *Daniel, Mezeray, Bérault-Bercastel, Dufau, Henault, Anquetil, de Thou, Davila,* et bien d'autres déjà nommés, et j'ajouterai même quelques extraits des archives de l'histoire de France, publiés d'après les textes conservés à la bibliothèque royale, par L. Cimber et F. Danjou (1).

« Le vendredi 29 du mois susdit, un citoyen de Lyon, nommé Du Perat, chevalier de l'ordre, arriva de la cour... L'issue a évidemment montré que sa créance portait la sentence de mort. »

« Incontinent que les massacres furent commencés, un gentilhomme d'Arles, nommé Lamotte, fut envoyé vers le comte de Tende, avec lettres du conseil secret, pour faire massacrer en Provence tous ceux de la religion. »

« Si tôt que le massacre fut commencé à Paris, le

______

(1) Première série, I-VII.

sieur de Carrouges, gouverneur de Rouen, reçut des lettres du roi, qui lui mandait et commandait expressément d'exterminer tous ceux qui faisoyent profession de la religion audit lieu, sans en excepter aucun (1). »

Bien plus, ce fait est constaté par la correspondance de Charles IX et de François Mandelot, gouverneur de Lyon. « M. de Mandelot, vous croirez le porteur de ce que je lui ai donné charge de vous dire (2). »

Il y eut donc des ordres donnés dans bien des provinces. Ces ordres étaient verbaux ou les lettres étaient comme celles que nous venons de citer. Peut-être même furent-elles quelquefois plus explicites, puisqu'on lit dans la *Revue rétrospective*: Que Charles IX écrivit à M. de Cely, président du parlement de Paris, le 24 mars 1573, pour lui recommander « de ne rien faire ou laisser imprimer des choses passées à la Saint-Barthélemy et de garder avec lui ce qu'il peut en avoir retenu (3).

Sur ces témoignages, qui doutera que les protestants se soient trouvés en danger d'être massacrés en province, et qui n'ajoutera foi à la tradition orale et aux historiens qui nous disent que l'ordre du massacre fut donné à Lisieux le 1er septembre 1572 ?

M. Chatelet est le seul écrivain qui ait osé fouler aux pieds tant de témoignages, en niant que l'ordre du massacre ait été donné à Lisieux. M. L. Dubois et M. de Formeville n'ont pas été si loin. Ils

(1) Page 366-370.

(2) *Correspondance pour l'année 1572*, in-8° 1830.

(3) Année 1835, page 25.

croient au danger qu'ont couru ici les calvinistes, mais ils attribuent l'honneur de leur délivrance aux magistrats et aux gouverneurs.

Quels témoignages pourrions nous donc invoquer pour faire partager à M. Chatelet notre opinion sur cet ordre de massacre donné dans les provinces après la Saint-Barthélemy ? Nous avons là, sous les yeux, trois historiens contemporains auxquels leur haute position littéraire et leur réputation classique donnent une grande autorité dans les écoles. L'un d'eux est chargé d'enseigner l'histoire moderne dans une des premières chaires de l'Université ; l'autre dirige les études historiques des futurs professeurs de nos lycées ; le troisième a pour mission de surveiller l'enseignement de l'histoire et des lettres dans tous les colléges de France. M. le Principal, nous en avons la confiance, s'inclinera devant l'imposante autorité de ces trois historiens qui doivent jouir dans son esprit d'une si grande estime. Nommons les :

M. Lacretelle, de l'Académie française, professeur d'histoire moderne à la faculté des lettres de Paris, après avoir raconté longuement dans le second volume de son *Histoire des Guerres de Religion*, les massacres exécutés en province, et particulièrement à Rouen, d'après les ordres du roi, proclame avec enthousiasme les noms de ces hommes de cœur, qui bravèrent tous les dangers pour rester fidèles à l'honneur et à l'humanité. « Il faut, ajoute-t-il, joindre à » ces beaux noms, Jean Le Hennuyer, évêque de » Lisieux. »

M. Lebas, membre de l'Institut, auteur d'un grand nombre d'ouvrages historiques, autorisés par l'Université et admis dans ses colléges, professeur d'histoire à l'école normale supérieure, mentionne, dans son *Dic-*

tionnaire encyclopédique de la France, les ordres envoyés par tout le royaume, et loue, comme nous le verrons plus bas, Christophe de Villeneuve, « d'avoir » arraché au roi des ordres contraires à ceux qu'il » avait donnés déjà pour ensanglanter la Provence. »

Enfin, le passage suivant de l'*Histoire de France,* de M. Ozancaux, inspecteur-général de l'enseignement public, confirme, on ne peut mieux, l'opinion que nous avons émise sur la nature des ordres émanés de la cour ; et cet ouvrage, destiné à l'enseignement des collèges, ajoute à l'autorité du nom de son savant auteur, la sanction de l'Université dont il est un des membres les plus distingués :

« Des ordres furent expédiés dans toutes les pro-
» vinces, dit M. Ozaneaux, à la page 99 du 2ᵉ vo-
» lume de son *Histoire de France,* pour que les
» mêmes massacres eussent lieu partout ; mais ces
» ordres étaient *secrets.* Toutes les lettres officielles,
» au contraire, rejetant le crime de la Saint-Barthé-
» lemy sur la nécessité de réprimer un complot de
» huguenots, déclaraient la formelle intention de main-
» tenir l'édit de Saint-Germain et ordonnaient aux dé-
» positaires de l'autorité de protéger ceux de la reli-
» gion prétendue réformée, bons et loyaux sujets du
» roi. »

Par cette judicieuse interprétation du savant inspecteur général de l'université, tout s'explique pour Lisieux et la Normandie, comme pour l'Auvergne, la Bourgogne, la Provence, le Dauphiné et Bayonne :

1º Ordre public et officiel d'arrêter les huguenots, *sous peine de mort,* à la première résistance ;

2º Ordre secret, explicite ou implicite, de les massacrer, et lettres officielles écrites en leur faveur ;

3° Intervention de Jean Le Hennuyer et assenti-
ment du gouverneur cédant enfin aux pressantes prières
du prélat.

Voilà ce qui s'est passé à Lisieux, voilà ce qui a
dû nécessairement s'y passer. Le témoignage de l'histoire, est donc d'accord avec la tradition pour procla-
mer que les huguenots ont été en danger de mort à
Lisieux, comme dans bien d'autres villes de France,
et que l'évêque Jean Le Hennuyer les a sauvés.

Passons au second argument des critiques.

« Jean Le Hennuyer n'était pas à Lisieux pendant ces
terribles événements ; il était à la cour, où ne pouvait
le remplacer, son collègue Amyot, pour lors occupé à
la construction de son église d'Auxerre (1). »

Tout ce que nous avons dit jusque-là prouve la
présence du pieux évêque dans son diocèse.

Est-il croyable qu'il restât loin de son troupeau
pendant des jours si déplorables ? Avez-vous un mot
sur les registres de l'Hôtel-de-Ville qui constate son
absence, qui exprime un regret ou une plainte ? Vous
n'y trouvez pas sa signature. Rien d'étonnant, puisqu'il ne faisait pas partie de ce conseil.

Quand il aurait été à la cour le 18 août, pour le ma-
riage de Marguerite de Valois et du roi de Navarre,
est-ce une raison pour qu'il ne se soit pas trouvé à
Lisieux le 1ᵉʳ septembre ?

Son collègue Amyot était-il seul capable de le remplacer ? Ecoutez l'abbé Archon, dans son *Histoire de
la Chapelle des Rois de France*, il vous dira que
depuis longtemps l'évêque de Lisieux était *assidu* dans
son diocèse, et que pendant son absence, Nicolas Fumée faisait les fonctions de premier aumônier. Ce cha-

(1) M. de Formeville, page 25.

noine de Paris, petit-fils du chancelier Adam Fumée, fut fait évêque de Beauvais en 1575, et obtint le titre de premier aumônier après la mort de Le Hennuyer.

Nos adversaires en ont appelé souvent à son épitaphe. Ne dit-elle pas :

« Aux mondaines affaires il ne s'est empêché
« Et toujours a résidé dessus son évêché. »

Enfin, le laborieux auteur des *Recherches* a trouvé, dans les archives du Calvados, un acte de notoriété qui prouve la présence de ce digne évêque le 14 septembre, huit jours après la délivrance des calvinistes de Lisieux. C'est un acte de dotation du collége communal, passé à Orbec, devant lui, par Jean Ferey, notaire, le 14 septembre 1572.

Il ne nous reste donc plus que l'argument tiré de l'intolérance du prélat et de sa position à la cour.

Il était, dit M. Dubois, *hargneux, d'humeur dure et d'un caractère guerroyant.* Assertions sans preuves. L'auteur des *Huguenots* en donne une à sa place. Il nous cite, comme une pièce monstrueuse, le préambule du procès-verbal qu'il fit en latin, le 10 juin 1564, pour constater l'état des reliques de Saint-Ursin, Saint-Berthévin et Saint-Patrice, sauvées, comme par miracle, dans le pillage affreux de la cathédrale, au mois de mars 1562.

Pouvait-il, en vérité, parler de sang froid des protestants, au milieu de tant ruines, de tant de cadavres, de tant de sacriléges? A la vue de tant d'églises démolies ou dépouillées, de tant de prêtres égorgés, de tant de guerres suscitées par les Huguenots, depuis douze ans, à la vue des terres incultes, du peuple plongé dans la misère, et toujours les armes à la main, des tombeaux profanés, des reliques jetées au vent, pouait-il ne pas dire que les calvinistes étaient *une tourbe d'infâmes hérétiqnes, portant en tous lieux le ravage, le meurtre, l'incendie?* Si ses entrailles ne s'étaient pas émues, s'il était resté spectateur indifférent de tant de malheurs et de tant de crimes, il aurait été indigne de porter le nom d'évêque.

Mais, ajoute-t-on, il s'opposa à l'édit de pacification, édit qui donnait aux sectaires la liberté d'établir leurs prêches, d'exercer leur culte dans son diocèse.

Plaçons-nous bien à l'époque dont il s'agit, avec les idées du temps, à la suite des guerres de religion, et dans un royaume qui avait joui jusque-là de l'unité de la foi. C'était une grande question religieuse et politique que la liberté des cultes (1). Que fit-il? Il plaida la cause des droits imprescriptibles de la vérité, éloigna de son troupeau le mensonge, un culte sacrilége, des prédications impies et anarchiques. Son opposition à l'édit de janvier 1562 n'a rien qui m'étonne; il n'y a que l'indifférent, en matière de religion, qui ne comprenne pas ce zèle.

Ne voyez-vous pas qu'il y a loin de là au massacre des hérétiques? Vous n'aimez pas les insurgés de notre époque, vous avez fermé les clubs dans lesquels ils prêchaient la révolte, le mépris de la famille. Les protestants étaient les insurgés du XVIe siècle. Hé bien !

(1) Bacon * pense que l'uniformité du culte est absolument nécessaire au bonheur des États ; et c'est une maxime de Montesquieu **, de Hume *** et de Rousseau ****, que ceux qui gouvernent doivent tolérer les sectes existantes, mais décourager les nouvelles.

* Sermo in de unitate ecclesiæ.
** L'esprit des Lois, liv. XXV, chap. 10.
*** Histoire.
**** Lettres de la Montagne.

si le 24 août 1850 le gouvernement voulant en finir avec tous les montagnards, tous les socialistes, eût ordonné leur massacre dans toutes les provinces ; vous auriez eu horreur de cet expédient barbare, vous leur auriez donné asile, et si on s'était servi de votre opposition à la liberté des clubs pour vous dire complices de ces assassinats, ne vous seriez-vous pas indignés avec raison ?

Croyez-vous que les gouverneurs dont vous vantez l'humanité dans ces jours de fureur sanguinaire, n'avaient pas, pendant les années précédentes, fait bonne guerre aux protestants?

Ecoutez un écrivain dont le témoignage ne peut être suspect, M. Lebas, dit, dans son *Dictionnaire encyclopédique*, tome XII, page 915, « Christophe de Villeneuve fut un des seigneurs qui secondèrent le plus puissamment le comte de Tende dans toutes les guerres contre les protestants ; toutefois, son zèle ne l'empêcha pas, lorsqu'il eut appris la résolution que Charles IX avait prise d'exterminer tous les hérétiques du royaume, de se rendre à Paris et d'arracher au roi des ordres contraires à ceux qu'il avait donnés déjà pour ensanglanter la Provence. »

On a voulu tirer un argument *du silence* des auteurs protestants sur Jean Le Hennuyer ; il est cependant facile de comprendre qu'ils ne devaient pas aimer un évêque qui avait repoussé l'édit de pacification et dont le zèle avait opéré la conversion des protestants de Lisieux ; toutefois, ils ne l'ont pas traité avec mépris depuis 1572.

Jean Le Hennuyer n'était pas, d'ailleurs, tel que nous le représentent MM. Dubois et de Formeville. Son épitaphe dit *qu'il usait de douceur, qu'il était bon et amiable envers chacun.* Tel est le témoignage des contemporains.

Son nom fut porté sur la liste des hommes pieux désignés à la vénération des peuples, par l'abbé Chastelain, d'après les renseignements de Jean Le Prévost, chanoine de Lisieux, qui, le premier, avait donné à ce noble ennemi de l'hérésie le titre de bienheureux, que l'église seule, toutefois, peut accorder (1).

Quant à sa position à la cour, je n'ai qu'un mot à en dire. Il n'a jamais été confesseur de Charles IX, ni de Catherine de Médicis, depuis qu'elle était reine. Cette princesse eut beaucoup de confesseurs, comme toute personne de fausse piété ; il en est jusqu'à sept dont il serait facile de citer les noms ; Jean Le Hennuyer n'est pas sur cette liste.

La protestation qu'il écrivit contre l'édit du 17 janvier 1562 ne vous montre-t-elle pas que le digne évêque n'avait pas peur de la cour. « Jean Le Hennuyer a déclaré et déclare qu'il s'oppose à la publication d'icelui, en tant qu'il est contrevenant aux devoirs de la charge donnée audit évêque et pasteur, pour le bien de son peuple et duquel il faut qu'il réponde à icelui, voir âme pour âme (2).. »

« Il ne se contenta pas, reprend l'auteur des *Huguenots,* de signer cet acte, il vint sur le perron de la cathédrale, et de là, s'adressant à ceux des habitants qui suivaient la religion nouvelle, il les exhorta avec zèle à rentrer dans le sein de l'église. »

Quel crime! un évêque qui montre à des hérétiques la véritable église, et qui leur prêche la vraie foi, sans laquelle il est impossible de plaire à Dieu. Heureux le pontife, heureux le pasteur qui s'est rendu digne d'un tel reproche !

(1) Vie des Saints Patrons du diocèse.
(2) Deshais, *Histoire des Évêques de Lisieux.*

Croirait-on que M. L. Dubois s'est servi de l'opposition du prélat à l'édit de pacification, pour expliquer la tradition sur la délivrance des calvinistes, par sa bienveillante intervention? L'intolérance qu'il avait montrée en 1562 a fait croire à son dévouement à l'époque de la Saint-Barthélemy. On a confondu les dates. Il faut avoir une bien mauvaise cause à défendre et un grand désir d'arracher du front de ce pieux évêque cette auréole de gloire, pour recourir à une telle explication.

Ces écarts de logique ont dicté à Feller des paroles sévères par lesquelles nous croyons devoir clore cette thèse : « La *Biographie universelle* essaie de révoquer en doute la noble conduite de ce prélat ; mais les raisons dont elle s'appuie sont si frivoles, qu'on serait presque tenté de les attribuer à la malignité et à l'esprit de parti ! »

DISCUSSION

DEVANT LA SOCIÉTÉ D'ÉMULATION,

Dans la séance du 22 novembre 1850 (1).

I.

Arguments de M. CHATELET, Principal du Collége de Lisieux.

A peine ce travail fut-il lu devant la Société d'Émulation, que M. Chatelet demanda la parole. C'était un redoutable adversaire, armé d'un travail écrit et d'un profond savoir, qui se levait pour combattre ma thèse. Après quelques paroles dictées par l'urbanité et l'amabilité qui caractérisent M. le Principal du collége de Lisieux, il argumenta ainsi :

« On ne sait pas l'origine de la tradition sur le dévoûment de Jean Le Hennuyer, en faveur des protestants de son diocèse. Ce sont probablement les historiens qui l'ont faite à la fin du XVIIᵉ siècle ou au commencement du XVIIIᵉ. Quand elle remonterait au temps de la Saint-Barthélemy, on peut expliquer comment les populations se sont trompées,

(1) Cette discussion a déjà été consignée dans le procès-verbal de la Société d'Émulation. Je ne le reproduirai pas pour deux raisons. 1ᵒ Le secrétaire de cette Société savante, M. Nasse fils, ancien sous-préfet de Coutances, a été trop bienveillant pour moi ; 2ᵒ Je désire donner aux objections et aux réponses de plus amples développements.

soit, comme l'a fait M. L. Dubois, par la confusion des faits et des époques, soit par le besoin qu'éprouve la foule de trouver une cause aux évènements dont elle a été témoin. On vit les religionnaires épargnés à Lisieux, on attribua naturellement leur salut à l'intervention du tout puissant évêque de la ville.

« Tous les historiens , même Mallet, ont copié le récit d'Hémeré. Si cet écrivain n'a pas rencontré plus tôt de contradicteur, c'est que son ouvrage, écrit en latin, était peu répandu ; n'est-il pas plus étonnant que ce trait d'humanité n'ait pas été écrit avant 1643? Jusque-là personne n'avait consigné dans un livre un fait si digne de passer, avec ses détails, à la postérité (1).

« L'arrestation des protestants était si peu sérieuse, que le 1er septembre on mit en liberté Robert de la Couyère avec ses fils, eu égard à sa qualité de chirurgien. La ville de Lisieux, pendant tous ces évènements, ne perdit rien de son calme ordinaire. Depuis le 25 août jusqu'à la fin de septembre, sur les minutes de M. Daufresne, notaire, on trouve autant d'actes passés que dans le temps qui précéda ou suivit cette époque. D'ailleurs, qui aurait massacré les protestants? M. de Fumichon n'avait point de soldats.

(1) M. le Principal s'appuie beaucoup sur le silence de Sully, c'est un bien faible argument que le silence ; encore s'évanouit-il à la lecture du chapitre IV des mémoires de cet écrivain protestant. Il nous dit qu'il avait écrit l'histoire des massacres de la Saint-Barthélemy *à Paris,* dans les *autres villes* et *par les champs ;* mais qu'il l'a jetée au feu, *estimant pour l'honneur de sa nation, qu'il fallait plutôt étouffer la mémoire de telles énormités que de les ramentevoir.*

Qui nous dira tout ce que contenait ce chapitre?

« Reste à expliquer la conversion des protestants, c'est un fait incontestable, que depuis un temps immémorial, il n'y avait plus de protestants à Lisieux. A quelle époque remonte leur disparition ? S'étaient-ils convertis ou avaient-ils quitté la ville ? C'est ce qu'on ignore. La clémence de Jean Le Hennuyer n'a pu opérer leur conversion, autrement elle aurait produit le même effet sur tous les points du diocèse. Il est à croire que les réformés, dont le nombre n'était pas grand à Lisieux, abandonnèrent une cité dans laquelle ils n'avaient pu avoir de temple pour la célébration de leur culte, une cité qui prit chaudement parti pour la ligue ; cette raison me paraît plausible.

Tels sont les motifs qui me portent à rejeter le travail dont vous venez d'entendre la lecture.

II.

Réponse aux nouvelles objections de M. Chatelet.

Je m'empressai de répondre ; ma réplique fut vive, et cependant toujours empreinte des sentiments de haute considération, que j'ai gravés dans le cœur pour M. le Principal, homme bien digne, sous tous les rapports, d'être, dans notre ville, à la tête de l'instruction publique.

« Vous ne pouvez trouver l'origine de cette tradition ? C'est une preuve qu'elle remonte à l'époque où s'est passé ce trait de charité. Elle n'aurait pu s'établir dans un temps éloigné, sans réclamation.

» Vous voulez qu'elle ne remonte qu'aux premiers écrivains, qu'à Hémeré ! Il en serait donc l'inventeur. Vous l'accusez d'imposture, tandis que pendant un

siècle, jusqu'en 1746, il n'a pas même trouvé un contradicteur.

» Il n'est pas rare, dites-vous, qu'une fable de-
vienne publique et trouve les populations crédules. Je
l'avoue, mais bientôt la vérité se fait jour et la tradition ne s'établit pas ; témoin le fait que vous citez,
la parole héroïque prêtée à Cambronne, sur le champ
de bataille de Waterloo. Trouvez, dans l'histoire du
monde, un acte honorable, enseigné publiquement,
pendant deux cents ans, écrit dans tous les diction-
naires historiques, gravé sur la pierre, chanté sur les
théâtres, représenté dans nos musées, dont on ait dé-
montré la fausseté.

» En vain prétendez-vous que l'ouvrage d'Hémeré,
écrit en latin, était peu connu, et que l'histoire des
religieux célèbres du couvent de Saint-Jacques, par
Mallet, n'était pas plus répandue. Onze ans après le
premier de ces deux écrivains, le *Gallia Christiana*
donne tous les détails de l'intervention de Jean Le
Hennuyer pour la délivrance des Huguenots. Peu de
temps après, Mainbourg et Moréri les publient aussi.
A Lisieux et à Saint-Quentin on n'a pu ignorer longtemps le récit de ces historiens et si on n'a pas élevé
· la voix pour les combattre, c'est qu'on y ajoutait foi.

Quand la voix publique eût dû s'égarer en cherchant
le sauveur des réformés, elle n'aurait pas été chercher
l'évêque de Lisieux, connu par son opposition à l'édit
de pacification et chargé des malédictions des auteurs
protestants, et c'est précisément le seul évêque auquel
elle attribue leur salut.

Vous me demandez l'explication du silence des historiens, avant Hémeré. La réponse est facile : ou ce
trait d'humanité n'était pas apprécié à sa juste valeur

ou personne n'osait le proposer à l'admiration géné-
rale, à une époque où la haine réciproque des deux
partis était encore dans toute sa violence. Le souvenir
des guerres de religion était trop gravé dans les esprits. Qui donc pendant la ligue aurait applaudi à cet
acte de clémence ; l'esprit de tolérance ne pénétra
dans les masses et dans l'histoire que longtemps après
l'*Édit de Nantes*.

Dire qu'Héméré a confondu les dates, c'est une assertion gratuite, révoltante à mes yeux ; écoutez M. de
Vismes : « Rien de moins vraisemblable que cette
prétendue confusion. Elle pourrait se concevoir jusqu'à un certain point, si les deux faits étaient de même
nature, mais le simple bon sens la repousse, dès là
qu'ils contrastent tellement, que ceux mêmes qui veu-
lent qu'on les ait pris l'un pour l'autre, vont en même
temps jusqu'à soutenir qu'ils sont inconciliables (1). »

Cette confusion de dates n'empêcherait pas Héméré
d'être un imposteur. Il aurait inventé toutes les circonstances du fait, et il faudrait dire que tous nos historiens, depuis 1643 jusqu'à 1746, ont été indignes
de la mission d'écrivains, qu'ils nous ont transmis les
événements trouvés dans le premier chroniqueur venu,
sans examen, sans critique.

La mise en liberté, sous caution, du médecin n'est
pas une preuve ; elle eut lieu avant l'ordre du massacre. Il n'avait pas moins été écroué, sous peine de
mort. Vous ne ferez croire à personne que l'arrestation des protestants et la confiscation de leurs biens
furent des événements peu sérieux.

(1) *Manuel historique du département de l'Aisne,*
page 273.

Vous trouvez étrange que des actes aient été passés pendant ces jours-là, chez le notaire de Lisieux. L'ordre du massacre ne fut connu de la ville qu'avec la protestation de l'évêque, comment la population en aurait-elle été émue?

« Qui aurait, dites-vous, massacré les protestants? Malheureusement, on ne manque jamais de bourreaux. M. de Fumichon avait été assez puissant pour les mettre en prison, en quelques heures, n'est-ce pas une preuve que leur sort était entre ses mains. Ses douze arquebusiers auraient suffi pour exécuter l'ordre barbare de Catherine de Médicis (1).

Ce qui m'étonne le plus, ce que je vous pardonne le moins, c'est l'explication que vous donnez à la disparition des protestants de Lisieux. Vous ne croyez pas à leur conversion, vous aimez mieux penser qu'ils ont secoué la poussière de leurs pieds sur une ville maudite, où la liberté des cultes n'avait pas été proclamée.

On a dit que Pascal était né trop tôt, et moi je dis, Monsieur, que vous êtes né trop tard. Vous venez trois cents ans après l'événement nous donner une explication à laquelle personne n'avait pensé avant vous.

Trouvez-vous dans la tradition, dans l'histoire, dans les registres de l'Hôtel-de-Ville, dans les minutes du notaire de Lisieux, *un mot* qui ait trait à

(1) Qu'on n'imagine pas que je calomnie cette détestable femme. « Elle aurait indifféremment, dit M. de Falloux, tourné la pointe du glaive contre le catholique ou contre le huguenot. Que voyez-vous au revers du feuillet sanglant de la Saint-Barthélemy? N'est-ce pas le meurtre d'un prince de l'église et du héros des catholiques? »

l'émigration des protestants? Vous avez tout pris dans votre imagination et vous voulez que je préfère votre récit à celui de la tradition et des historiens depuis Hémeré. N'est-ce point une ironie ?

Tous les protestants du diocèse se seraient convertis ? Pourquoi pas du royaume? N'est-ce pas beaucoup que tous les réformés de la ville épiscopale, objet constant de la sollicitude du prélat, soient revenus à la foi de leurs pères.

Si le refus d'un prêche eût dû leur faire fuir Lisieux, c'eût été dix ans plus tôt, en 1562, quand l'édit de pacification fut repoussé énergiquement par ce pieux évêque. Pourquoi auraient-ils fui, après la Saint-Barthélemy, une ville dans laquelle pas un cheveu n'était tombé de leur tête?

La ville prit chaudement le parti de la ligue. Oui, en 1585, les villes de Lisieux (1), de Honfleur et de Pont-Audemer se déclarèrent en faveur du parti de la ligue. Déjà et longtemps avant il n'y avait plus de huguenots à Lisieux. Un édit de mai 1576, à l'occasion duquel se forma la ligue, accorde aux protestants l'exercice public de leur culte. On ne voit pas qu'alors les religionnaires se soient présentés pour réclamer la liberté de leur prêche. Ils ne donnent plus signe de vie dans l'histoire de Lisieux.

Votre système sur l'émigration des protestants n'est donc fondé sur aucune donnée historique.

Ah! cessons de nous creuser la tête pour inventer des moyens propres à combattre un fait honorable pour la ville de Lisieux et pour la religion. Que cette réflexion pleine de sagesse, que je trouve dans la pré-

____

(1) *Histoire de Lisieux,* page 189.

face de Sébastien Mercier, nous arrête : « *On croit sur de bien moindres preuves des crimes atroces et antiques qui effraient l'imagination ; pourquoi aurait-on de la peine à ajouter foi à une action qui dans le fond n'est qu'humaine.* »